E-CLIP ⑩

감성적 창의 주도성 향상 프로그램

감성을 표현하자

EQ II

E-CLIP ⑩

감성적 창의 주도성 향상 프로그램

감성을 ^{EQ} 표현하자

초판 1쇄 인쇄 2022년 8월 8일
초판 1쇄 발행 2022년 8월 8일

지은이 송인섭
펴낸이 김선식

경영총괄 김은영
책임편집 박슬기   **디자인** 차다운   **책임마케터** 이석원
연구개발팀장 김재민   **연구개발팀** 박슬기, 차다운, 장민지, 조아리
콘텐트리팀 김길한, 임인선, 이석원, 윤기현
저작권팀 한승빈, 김재원, 이슬
재무관리팀 하미선, 윤이경, 김재경, 오지영, 안혜선
인사총무팀 김혜진, 황호준
제작관리팀 박성민, 최완규, 이지우, 김소영, 김진경, 양지환
물류관리팀 김형기, 김선진, 한유현, 민주홍, 전태환, 전태연, 양문현, 최창우

펴낸곳 다산북스   **출판등록** 2005년 12월 23일 제313-2005-00277호
주소 경기도 파주시 회동길 490
전화 02-704-1724   **팩스** 02-703-2219   **이메일** dasanbooks@dasanbooks.com
홈페이지 www.dasanbooks.com   **블로그** blog.naver.com/dasan_books
다산전인교육캠퍼스 www.dasaneducation.co.kr
종이 IPP   **인쇄** 민언프린텍   **제본** 국일문화사

ISBN 979-11-306-9117-6 (64370)
       979-11-306-9107-7 (세트)

E-CLIP
연구진

1. 송인섭 교수

세계적인 자기주도학습법 권위자인 송인섭 교수는 숙명여대에서 35년 간 교수로 재직했으며, 현재 동 대학교 명예교수이자 다산전인교육캠퍼스 원장을 맡고 있습니다. 또한 한국교육심리연구회 회장, 한국교육평가학회 회장, 한국영재연구원 원장과 AERA(American Educational Research Association)에서 발행하는 학술지의 논문심사위원을 역임했으며, 70여 권의 교육 저서를 집필했습니다.

송인섭 교수는 주입식 교육이 일반적이었던 한국 교육에 자기주도학습이라는 개념을 최초로 도입해 확산하였으며, EBS 〈교육실험 프로젝트 - 스스로 공부하는 아이 만들기〉, 〈공부의 왕도〉, 〈교육 마당〉 등에 출연하여 자기주도학습의 효과를 입증하였습니다. 그리고 이 내용을 담은 《공부는 전략이다》는 부모 및 교육 관계자들에게 수십만 부 이상 판매되며, 교육계에 새로운 패러다임을 가져왔습니다. 이후로도 20여 년간 《공부는 실천이다》, 《와일드》, 《혼공의 힘》 등 교육 분야의 도서를 출간하고 자기주도학습 강연을 하며 한국 교육을 이끌고 있습니다.

또한 송인섭 교수는 다양한 학습 프로젝트를 수행하며 수십만 명이 넘는 학생과 학부모, 교사를 만나 자기주도적 공부 전략을 소개하고 상담했습니다. 이 과정에서 많은 아이가 공부에 실패를 겪고 상처 받는다는 공통점을 발견하였습니다. 아이들은 자신에게 맞는 공부법만 찾으면 충분히 극복할 수 있는 문제임에도 해결 방법을 몰라 고민하고 있었습니다. 이들을 위해 송인섭 교수는 수십만 건의 실제 학습 문제 상황을 수집하고 연구하였습니다. 그 결과 자기주도학습을 바탕으로 각자의 상황에 맞춰 공부하는 힘을 기르는 새로운 학습 프로그램인 《E-CLIP》을 개발하였고, 이 프로그램을 여러 심리 센터에 적용해 높은 성과를 얻고 있습니다.

'**E-CLIP**(Emotional Creative Leadership Improvement Program)'은 실제 교육 현장에서 총 8,950명의 학습자를 대상으로 20년 동안 관찰과 실험, 상담을 통해 얻은 빅데이터로 개발한 '감성적 창의 주도성 향상 프로그램'입니다. 프로그램 연구와 개발에는 자기주도학습법 권위자 송인섭 교수와 다수의 교육심리학 전문 연구진이 참여했습니다.

2. 심리 검사 및 교재 연구

전문 연구 위원(가나다순)

- 김수란 우석대 교수
- 김희정 대구대 교수
- 성소연 호서대 교수
- 이희연 한국교육개발원 책임
- 정유선 아주대 교수
- 최지혜 을지대 교수

- 김누리 목포해양대 교수
- 남궁정 숙명여대 교수
- 안혜진 수원여대 교수
- 정숙희 숙명여대 교수
- 최보라 숙명여대 교수
- 한윤영 숭실대 교수

- 김은영 루터대 교수
- 박소연 숙명여대 교수
- 육진경 루터대 교수
- 정미경 한경대 교수
- 최영미 한경대 교수

3. 심리 검사 및 교재 개발

개발 총괄

- 김영아 다산전인교육캠퍼스 부원장

개발 위원

- 이상섭 건양대학교병원 의학과
- 최이선 닥터맘심리연구소 소장

E-CLIP

Emotional Creative Leadership Improvement Program

감성적 창의 주도성 향상 프로그램

4차 산업혁명 시대에 사회가 바라는 인재상과 역량은 기존과는 전혀 다릅니다. 현존하는 많은 직업이 인공지능(AI)으로 대체되고, 새로운 직업군이 만들어지는 등 직업의 개념이 바뀔 것입니다. 우리는 이런 변화에 대처하기 위해서는 자신만의 특성을 찾고 고유한 능력을 개발해야 합니다. 4차 산업혁명 시대를 대비해 '나는 누구인가?', '나는 어떤 능력을 준비해야 하는가?'에 대한 고민이 필요하며, 그 물음에 대한 해답이 바로 'E-CLIP'입니다.

'E-CLIP'은 자기주도학습의 최고 권위자 송인섭 교수와 수십 명의 연구진이 20년 동안 개발한 '자생력 기반 자기주도학습 프로그램'으로 학습자 고유의 감성적 창의성을 계발하여 스스로 자신이 처한 환경 전반을 이끌어 갈 수 있는 인재를 기르는 교육입니다. E-CLIP의 바탕을 이루는 '자생력(감성적 창의성)'은 하늘에서 뚝 떨어진 새로운 개념도 천재적인 번뜩임 같은 특출한 능력도 아닙니다. 누구나 교육으로 익힐 수 있는 능력입니다. '자생력(감성적 창의성)'은 공부의 기틀을 다지는 힘이며 이것은 기계와 차별화되는 인간만의 본성인 감성에 일상의 다양한 문제와 활동을 새롭게 배열하고 통합하고 연결하는 창의성을 더한 개념입니다. 즉, 인공지능에는 없는 인간다움, 인간만이 할 수 있는 능력인 생각하는 능력, 상상력, 문화, 예술, 철학, 역사의식, 신념과 꿈을 실현하려는 확고한 의지 등이 바로 '자생력(감성적 창의성)'입니다.

E-CLIP 학습자가 된다는 것은 첫째, 학습의 주도권이 외부 환경으로부터 학습자에게 옮겨오는 것을 뜻합니다. 학업 성취 수준과 관계없이 스스로 학습하는 습관을 형성하고 위기를 극복하는 내적인 힘을 키우는 것입니다. 이 내적인 힘은 학습자가 경험하는 다른 상황에도 전이되어 학습자의 내면적 성장을 돕습니다. 둘째, 학습 성향 진단을 통해 문제점을 보완하고 자신에게 맞는 방향을 찾아 잠재 능력을 개발할 수 있습니다. 셋째, 학습자들은 학습 행동을 주도하는 과정을 통해 학습 몰입 경험을 하게 되며 자기 생각을 표현하고 다른 사람과 소통할 수 있는 능력을 기르게 됩니다. 이렇듯 자생력을 기반으로 하는 E-CLIP은 자신의 목표와 가치를 온전히 펼칠 수 있는 최선의 방법이며 전인적 자아실현을 통해 행복한 삶의 길을 열어 줄 것입니다.

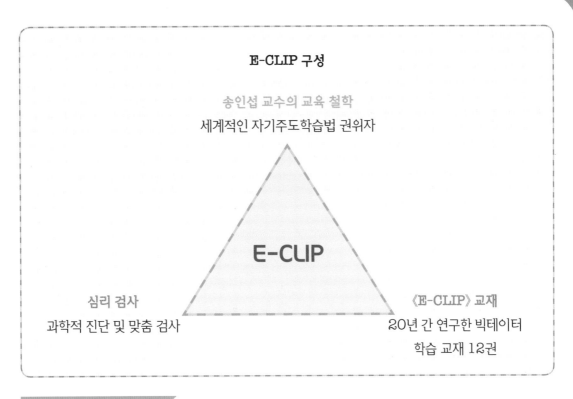

E-CLIP 구성

송인섭 교수의 교육 철학
세계적인 자기주도학습법 권위자

E-CLIP

심리 검사
과학적 진단 및 맞춤 검사

《E-CLIP》교재
20년 간 연구한 빅데이터
학습 교재 12권

송인섭 교수의 교육 철학

세계적인 자기주도학습법 권위자

송인섭 교수는 지나친 사교육으로 교육의 본질에 대한 심각한 문제가 대두되던 시기에 자기주도학습을 통해 한국 교육에 변화를 불러일으켰습니다. 그 후 수십 명의 전문 연구진과 교육심리학 이론을 배경으로 학습자들을 개별 관찰, 상담하며 학습자가 공부를 하는 이유와 배경이 무엇인지 찾는 과정에서 자생력이라는 개념을 새롭게 정의했습니다.

송인섭 교수의 교육 철학이 그대로 담긴 자생력은 인간만의 고유한 능력인 감성에 창의성을 겸비한 것으로, 심리학에서 가져온 개념입니다. 자생력의 뿌리가 되는 구성인자는 통찰력 있는 창의성, 통찰력 있는 융합, 통찰력 있는 리더십입니다. 통찰은 개개인의 능력이나 환경에 좌우되지 않고 경험의 축적과 노력 여하에 따라 향상될 수 있는 지극히 감성적인 요소입니다. 통찰 위에 창의적인 생각이 움트고, 정보와 지식을 연결하는 융합적 사고와 사회적 리더십을 발휘할 때 비로소 자생력이 완성됩니다.

이를 바탕으로 개발된 'E-CLIP'은 세계적인 자기주도학습법 권위자 송인섭 교수의 20년 연구 결정체입니다. 자생력을 과학적으로 측정하기 위한 심리 검사와 자생력을 증진하고 계발하기 위한 《E-CLIP》교재의 상호작용을 통해 학습자의 '공부하는 힘'을 향상시키고 있습니다.

심리 검사

과학적 진단 및 맞춤 검사

심리 검사는 학습자가 가지고 있는 '감성적 창의 주도성' 수준을 과학적으로 진단해서 현재 강점과 약점을 확인하는 도구입니다. 학습자의 특성을 정확하게 진단하고 이를 토대로 교육 프로그램을 이수하는 데 목적이 있습니다. 학습자는 심리 검사의 개인 맞춤형 성향 분석 및 결과를 바탕으로, 교육심리 전문가와의 1 대 1 상담을 통해 학습 문제를 이해하고 학습 방향을 설계할 수 있습니다.

검사는 종합적 자생력 검사 1종과 동기, 인지, 몰입, 자아존중감 등 개별 검사 5종으로 구성되어 있습니다. 동기 검사는 《E-CLIP》 1권, 인지 검사는 《E-CLIP》 2권과 3권, 동기 심화 검사는 《E-CLIP》 4권, 몰입 검사는 《E-CLIP》 5권, 자아존중감 검사는 《E-CLIP》 6권과 연결되어 있습니다. 그리고 종합적 자생력 검사는 《E-CLIP》 1~12권에 나오는 모든 특성을 점검할 수 있는 검사로, 《E-CLIP》 시작 전과 후에 각각 검사하면 학습자의 '감성적 창의 주도성' 변화를 알아볼 수 있습니다.

심리 검사 방법

심리 검사는 간편하고 빠르게 개인별 수준을 점검할 수 있는 'Short-Form 무료 검사'와 표준화된 검사 시스템인 'Long-Form 심층 검사'로 나뉩니다. 각 검사의 이용 방법은 아래와 같습니다.

Short-Form 무료 검사

다산전인교육캠퍼스 홈페이지(www.dasaneducation.co.kr)에서 PDF 다운로드를 통해 무료로 검사할 수 있습니다. 즉각적인 진단을 통해 바로 《E-CLIP》 학습을 원하는 경우에 추천합니다.

PDF 다운로드
www.dasaneducation.co.kr 접속 〉 심리 검사 〉 Short-Form 무료 검사

Long-Form 심층 검사

다산전인교육캠퍼스 홈페이지(www.dasaneducation.co.kr)에서 오프라인 심층 검사를 신청할 수 있습니다. 전문적인 검사로 학습자의 특성을 깊이 있게 파악하고, 전문가의 상담을 원하는 경우에 추천합니다.

신청 및 이용 방법
www.dasaneducation.co.kr 접속 〉 심리 검사 〉 Long-Form 심층 검사

《E-CLIP》 교재

20년 간 연구한 빅테이터 학습 교재 12권

《E-CLIP》은 송인섭 교수가 전문 연구진들과 8,950명의 학습자를 대상으로 20년 간 연구한 결과물에 학습 만화 《who?》의 위인 이야기를 더해서, 쉽고 재미있게 감성적 창의 주도성을 높이는 학습서입니다. 본 교재는 1~12권으로 나누어져 있으며, 심리 검사 결과를 바탕으로 학습자 수준에 맞춰 권 별 집중 학습 및 개별 수업을 진행할 수 있습니다.

《E-CLIP》의 주제

권	주제	학습 목표	프로그램		
			학습 동기 향상 프로그램	학습 목표 향상 프로그램	진로 설계 향상 프로그램
1	동기	능동적 학습의 시작	1단계 집중 학습		
2	인지	자생적 인지 학습			
3	인지 심화	인지 능력 향상		2단계 집중 학습	
4	동기 심화	동기 향상 및 유지			
5	몰입	깊은 학습 몰입			
6	자아존중감	내면적 성숙			
7	창의성	창의성 계발			3단계 집중 학습
8	창의성 심화	창의성 학습 확장			
9	감성	감성 계발			
10	감성 심화	정서 발달 촉진			
11	사회성	사회성 계발			
12	사회성 심화	사회성 증진			

1. 도입

세계 위인과 함께 떠나는 탐험 미션입니다.
미션 속 5가지 활동을 키워드로 살펴봅니다.

활동 키워드로 미션 시작하기

2. 이야기

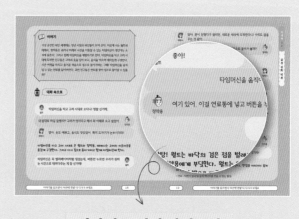

위인들의 이야기를 살펴보며 재미
를 느끼고 상상력을 펼칩니다

이야기로 미션 살펴보기

1. 전문적이다! 송인섭 교수의 '공부의 힘을 기르는 20년 연구 완결판'

2. 체계적이다! '개인별 진단 심리 검사'와 '맞춤형 학습 교재'로 만나는 진짜 솔루션

3. 재미있다! '학습 만화 《who?》의 위인'과 함께 떠나는 미션 대탐험

3. 활동

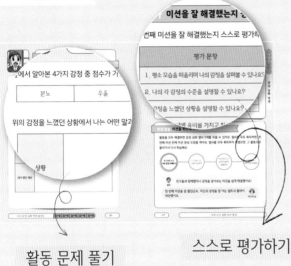

위인과 함께 활동 문제를 풀고, 미션 결과를 스스로 평가합니다.

활동 문제 풀기

스스로 평가하기

4. 적용

감성 활동하기

위인의 상황에 공감하고 나만의 시각으로 접근하면서 감성과 창의성을 향상합니다.

창의 활동하기

차례

E-CLIP 연구진

E-CLIP 소개

이 책의 구성과 특징

세계 위인과 함께 해결하는

자생력 UP 감성 심화 미션

첫 번째 미션   나의 감정 이해하기 ·········· 16쪽

두 번째 미션   감정 다스리기 ················· 28쪽

세 번째 미션   감성을 높이고 활용하기 ··· 40쪽

스페셜 미션   나의 감성 심화하기 ········· 52쪽

미션 가이드

세계 위인과 함께 해결하는

자생력 UP

감성 심화
미션

등장인물

마스터 송

생애 : 미스터리

국적 : 한국

직업 : 아이들이 미션을 해결하는 데
도움을 주는 안내자

월트 디즈니

생애 : 1901~1966년

국적 : 미국

직업 : 만화 영화 감독, 사업가

주요 업적 : 디즈니 만화 영화를 만듦, 디즈니랜드를 만듦.

 위인 이야기

월트는 어릴 때부터 동물의 이름을 짓고 그림을 그려 주며, 동물과
친구처럼 지냈어요. 그 그림들은 월트가 만들어 낸 수많은 동물
캐릭터들의 바탕이 되었지요. 풍부한 감성 위에 창의성을 더한
월트는 지금까지 아이들뿐만 아니라 어른들에게도 꿈과
희망을 주고 있어요.

정약용

생애 : 1762~1836년

국적 : 한국

직업 : 실학자

주요 업적 : 《목민심서》, 《경세유표》, 《여유당전서》 등을 씀.

📖 위인 이야기

정약용은 어릴 때부터 과학과 수학, 의학 등 다양한 분야를 공부
하며 백성들을 위하는 마음을 길렀어요. 과거에 급제한 정약용은
정조의 신임을 받았지만, 이를 못마땅하게 여긴 세력의 횡포로 멀
리 유배를 떠났어요. 정약용은 유배지에서도 백성을 위해 참된 관
리에 관한 책인 《목민심서》를 썼지요.

마더 테레사

생애 : 1910~1997년

국적 : 인도

직업 : 성직자, 자선 활동가

주요 업적 : 사랑의 선교 수녀회 설립, 1979년에 노벨 평화상을
수상함.

📖 위인 이야기

마케도니아의 신앙심 깊은 가정에서 태어난 테레사는 안락한 삶
대신 수녀가 되어 인도의 가난한 사람들을 돌보는 길을 선택했어
요. 테레사는 모두가 포기한 인도의 빈민가를 직접 찾아가, 그들
이 인간적인 삶을 살 수 있도록 도왔지요. 그 결과 신분 차별과
같은 잘못된 관습이 점점 줄어들게 되었어요.

첫 번째 미션 나의 감정 이해하기

마스터 송

월트 디즈니는 보고 듣고 느낀 자신의 감정과 생각을 바탕으로 다양한 상상을 했어요. 월트와 함께 나의 감정을 이해하면서 미션을 해결해 보세요.

오늘의
활동 키워드

활동 01

분노

활동 02

우울

학습 목표

1. 나의 감정 수준을 이해할 수 있다.
2. 감정을 느꼈던 상황을 설명할 수 있다.

활동 03

불안

활동 04

과흥분성

활동 05

감정을 느꼈던 상황

이야기

가상 공간인 위인 세계에는 청년 시절의 위인들이 모여 산다. 이곳에 사는 월트와 테레사, 정약용은 과거나 미래로 시간을 이동할 수 있는 타임머신이 생긴다는 소식에 들뜬다. 그리고 함께 타임머신을 체험하기로 한다. 타임머신을 타고 고려 시대에 도착한 친구들은 고려의 옷을 입어 보고, 음식을 먹으며 재미있게 구경한다. 시간 여행을 마치고 즐거운 마음으로 집으로 돌아가려는 그때! 타임머신을 움직일 수 있는 연료를 잃어버린다. 과연 친구들은 연료를 찾아 집으로 돌아갈 수 있을까?

  대화 속으로

 타임머신을 타고 고려 시대로 오다니! 정말 신기해.
월트

내 말대로 하길 잘했지? 고려가 멋지다고 해서 꼭 이때로 오고 싶었어.
정약용

맞아. 옷도 예쁘고, 음식도 맛있었어. 특히 도자기가 눈부시더라!
테레사

타임머신을 타고 고려 시대로 온 월트와 정약용, 테레사는 고려의 이곳저곳을 즐겁게 구경한다. 그리고 다시 집으로 돌아가려고 함께 타임머신에 탄다.

타임머신은 꼭 엘리베이터처럼 생겼는데, 버튼만 누르면 우리가 원하는 시간으로 데려다주는 게 참 신기해!
월트

테레사
맞아. 문이 닫혔다가 열리면, 새로운 세상에 도착한다니! 아직도 꿈을 꾸는 것 같아.

그럼 이제 다시 타임머신을 타고, 우리가 사는 시간으로 돌아가 볼까?

정약용

월트
좋아!

타임머신을 움직이는 *연료가 어디 있지?

테레사

정약용
여기 있어. 이걸 연료통에 넣고 버튼을 누르면 돌아갈 수 있지.

으악! 벌레.

월트

쿠당탕! 월트는 바닥의 검은 점을 벌레로 착각하고 피하려다가, 연료를 들고 있던 정약용에게 부딪힌다. 월트는 연료를 떨어뜨리고, 연료는 마침 문이 열려 있었던 타임머신 밖으로 데굴데굴 굴러간다.

테레사
앗, 연료!

안 돼! 연료가 없으면, 돌아갈 수 없어.

정약용

월트
미안해. 여기 벌레가 있는 줄 알았어. 지금 바로 찾으러 나가자!

친구들은 함께 연료를 찾으러 타임머신 밖으로 나간다. 한참을 이리저리 살피며 연료를 찾다가 마스터 송을 만난다.

* 연료 : 타면서 열과 빛 등의 에너지를 얻을 수 있는 물질

이야기를 읽으면서 미션에 한발 더 다가가 보세요.

마스터 송, 안녕하세요.
모두

마스터 송
반가워요, 친구들.

마스터 송께서도 타임머신을 타고 이곳에 오신 건가요?
정약용

마스터 송
아니요. 저는 타임머신 없이도 어떤 세계든 갈 수 있습니다.

혹시 여기에 떨어져 있던 연료를 못 보셨나요?
월트

마스터 송
연료?

네! 타임머신으로 시간 여행을 왔는데, 돌아갈 연료를 잃어버렸어요. 연료는 동그랗고 반짝이는 보석처럼 생겼어요. 혹시 못 보셨어요?
테레사

정약용
방금 굴러갔을 거예요! 조금 전에 잃어버렸어요.

연료가 굴러가는 건 못 봤어요. 그리고 지금 새로운 미션을 테스트해야 해서 찾아볼 시간이 없군요.
마스터 송

마스터 송이 그냥 가려고 하자, 월트가 마스터 송을 붙잡는다.

월트
마스터 송, 도와주세요.

흠, 친구들이 새로운 감성 미션을 해결한다면, 연료가 어디로 갔는지 찾아봐 줄게요.
마스터 송

정약용
얘들아, 우리는 연료가 어디에 있는지 모르니까 마스터 송의 미션을 해결하고 연료를 찾는 게 어떨까?

좋아!

테레사

월트
그래.

마스터 송, 저희가 미션을 해결할게요. 연료를 찾아 주세요!

테레사

마스터 송
좋습니다.

그런데 어떤 미션인가요?

정약용

마스터 송
자신이 어떤 감정을 자주 느끼는지 알아보고, 특정한 감정을 느낄 때 어떻게 행동하는지 살펴보는 미션입니다.

오~, 재미있겠는데요?

월트

정약용
감성이 넘치는 월트 덕분에 쉽게 해결할 수 있을 것 같아.

맞아!

테레사

친구들은 마스터 송의 안내에 따라 미션을 확인한다.

마스터 송
미션을 잘 해결해 보세요. 저는 미션을 해결하면 만날 수 있습니다. 궁금하거나 어려운 일이 있으면 마스터 송을 큰 소리로 부르세요.

이야기를 읽으면서 미션에 한발 더 다가가 보세요.

활동 01

월트와 함께 내가 화를 낼 때 어떤지 알아보자

평소 나의 모습을 찾아 ○표 하고, 점수를 더해서 써 보세요.

평소 나의 모습	전혀 그렇지 않다 (1점)	대체로 그렇지 않다 (2점)	대체로 그렇다 (3점)	항상 그렇다 (4점)
1. 원하는 것을 갖지 못하면 화가 난다.				
2. 아주 사소한 일에도 화가 난다.				
3. 화가 나서 어떻게 해야 할지 모를 때가 있다.				
4. 한번 화가 나면, 쉽게 가라앉지 않는다.				
5. 화를 심하게 낸다.				
6. 화가 나면, 소리부터 지른다.				
7. 화가 나면, 감정을 잘 조절하지 못한다.				
8. 화가 나면, 욕을 많이 한다.				
9. 평소에 쉽게 흥분한다.				
10. 화가 나면, 나를 주체하지 못한다.				

총점	

나의 분노 수준이 어떤지 그 결과를 알아보세요.

활동 02

월트와 함께 내가 우울할 때 어떤지 살펴보자

평소 나의 모습을 찾아 ○표 하고, 점수를 더해서 써 보세요.

평소 나의 모습	전혀 그렇지 않다 (1점)	대체로 그렇지 않다 (2점)	대체로 그렇다 (3점)	항상 그렇다 (4점)
1. 눈물이 자주 난다.				
2. 온종일 우울하다.				
3. 즐거운 일이 거의 없다.				
4. 공부를 해야겠다는 생각이 들지 않는다.				
5. 무언가에 집중하기 어렵다.				
6. 몸을 움직이는 것이 귀찮다.				
7. 자주 피로를 느낀다.				
8. 잠을 너무 많이 자거나 쉽게 잠들지 못한다.				
9. 스스로 가치가 없다고 느낀다.				
10. 나의 앞날은 절망적이다.				

총점	

나의 우울 수준이 어떤지 그 결과를 알아보세요.

나의 감성 심화 미션 달성도

불안에 떠는 월트를 보며 내가 불안할 때를 알아보자

평소 나의 모습을 찾아 ○표 하고, 점수를 더해서 써 보세요.

평소 나의 모습	전혀 그렇지 않다 (1점)	대체로 그렇지 않다 (2점)	대체로 그렇다 (3점)	항상 그렇다 (4점)
1. 걱정이 많다.				
2. 실수할까 봐 항상 마음이 조마조마하다.				
3. 쓸데없는 고민으로 괴롭다.				
4. 두려움이 많다.				
5. 자주 긴장한다.				
6. 다른 사람의 시선이 두렵다.				
7. 공부에 관해 많이 걱정한다.				
8. 밤에 잠을 자지 못할 때가 있다.				
9. 문제가 생겼을 때, 해결하기 어렵다.				
10. 두려운 생각이 들면 얼어붙는다.				

총점	

나의 불안 수준이 어떤지 그 결과를 알아보세요.

월트와 함께 내가 흥분할 때 어떤지 생각해 보자

평소 나의 모습을 찾아 ○표 하고, 점수를 더해서 써 보세요.

평소 나의 모습	전혀 그렇지 않다 (1점)	대체로 그렇지 않다 (2점)	대체로 그렇다 (3점)	항상 그렇다 (4점)
1. 운동이나 게임을 할 때, 경쟁하길 좋아한다.				
2. 몸을 많이 움직이는 격렬한 활동을 좋아한다.				
3. 대부분의 시간을 활동적으로 보낸다.				
4. 힘이 넘칠 때, 몸을 움직이는 활동을 하곤 한다.				
5. 또래 친구들보다 힘과 열정이 넘친다.				
6. 다양한 소리를 듣거나 색깔을 보면, 기분이 좋다.				
7. 예술 작품을 보면, 완전히 빠져 든다.				
8. 예술 작품을 보는 것이 매우 즐겁다.				
9. 음악을 들을 때, 내 몸 전체로 느낀다.				
10. 물건의 색, 모양, 감촉을 통해 많은 즐거움을 느낀다.				

총점	

나의 과흥분성 수준이 어떤지 그 결과를 알아보세요.

월트의 감정에 비추어 나의 감정을 생각해 보자

앞에서 알아본 4가지 감정 중 점수가 가장 높게 나온 감정에 색칠해 보세요.

분노	우울	불안	과흥분성

위의 감정을 느꼈던 상황에서 나는 어떤 말과 행동을 했는지 써 보세요.

상황	
내가 했던 말	
내가 했던 행동	

미션 평가 미션을 잘 해결했는지 평가해 보자

첫 번째 미션을 잘 해결했는지 스스로 평가해 보세요.

평가 문항	매우 아니다	아니다	그저 그렇다	그렇다	매우 그렇다
1. 평소 모습을 떠올리며 나의 감정을 살펴볼 수 있나요?					
2. 나의 각 감정의 수준을 설명할 수 있나요?					
3. 감정을 느꼈던 상황을 설명할 수 있나요?					
4. 첫 번째 미션에 흥미를 가지고 참여했나요?					
5. 첫 번째 미션에 최선을 다하여 참여했나요?					

미션 완성 미션을 확인해 보자

활동을 모두 해결하면 감성 심화 열쇠 5개를 모을 수 있어요. 열쇠를 모두 획득하면, 첫 번째 미션 칸에 미션 완성 도장을 찍어요. 열쇠를 모두 획득하지 못했으면, 그 활동으로 돌아가서 다시 학습해요.

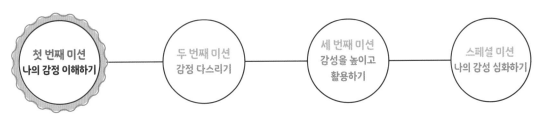

첫 번째 미션
나의 감정 이해하기

두 번째 미션
감정 다스리기

세 번째 미션
감성을 높이고 활용하기

스페셜 미션
나의 감성 심화하기

월트
친구들과 함께했더니 감정을 알아보는 미션을 쉽게 해결했어요!

첫 번째 미션을 잘 풀었군요. 자신의 감정을 잘 아는 월트의 활약이 대단했어요.

마스터 송

나의 감성 심화 미션 달성!

두 번째 미션 감정 다스리기

마스터 송

마더 테레사는 화나고 우울한 일도 긍정적으로 생각해서 감정을 다스렸어요. 테레사와 함께 마음과 생각을 조절해 감정을 다스리면서 미션을 해결해 보세요.

오늘의
활동 키워드

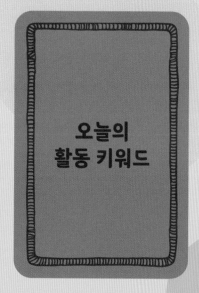

활동 01

마음 조절 방법

활동 02

마음 조절 계획표

학습 목표

1. 마음을 조절해서 감정을 다스릴 수 있다.
2. 생각을 바꿔서 감정을 다스릴 수 있다.

활동 03

분노와 우울 조절

활동 04

불안과 흥분 조절

활동 05

감정 조절 경험

이야기

타임머신을 통해 고려 시대로 여행을 온 월트와 테레사, 정약용은 실수로 타임머신 연료를 잃어버린다. 그리고 연료를 찾기 위해 감정을 이해하는 미션을 해결하기로 한다. 친구들은 미션을 즐겁게 해결하고 마스터 송에게 연료를 받으려 한다. 그런데 마스터 송은 연료의 위치는 찾았지만, 연료를 줄 수 없다는데…, 그 이유는 무엇일까? 그리고 친구들은 연료를 되찾아 타임머신을 움직일 수 있을까?

 대화 속으로

월트

이야, 미션 정말 재미있다. 내가 어떤 감정을 가장 크게 느끼는지 알 수 있었어!

내가 불안할 때 어떤 말과 행동을 했는지 생각해 보니까 내가 감정을 잘 이해할 수 있었어.

테레사

정약용

맞아!

미션을 마쳤는데, 마스터 송께서는 어디 계시지?

테레사

정약용

연료를 찾으러 가셨나 봐.

마스터 송이 오시면 타임머신에 연료를 넣어서 빨리 집으로 가자!

테레사

친구들은 첫 번째 미션에 관한 이야기를 나누며 마스터 송을 기다리지만, 시간이 흘러도 마스터 송은 나타나지 않는다.

 정약용 : 생각보다 늦으시네. 연료를 아직 못 찾으셨을까?

에이, 설마…. 테레사

 월트 : 으악, 만약 연료를 못 찾으면 어떡하지?

친구들이 불안해하고 있을 때, 마스터 송이 걸어온다.

여러분, 미션은 재미있었나요? 마스터 송

 월트 : 네!

마스터 송~, 안 오시는 줄 알았어요. 정약용

 테레사 : 혹시 타임머신의 연료는 찾으셨나요?

물론이죠. 연료가 아름다운 파란색 보석이더군요. 마스터 송

 월트 : 네, 맞아요!

우아, 이제 집으로 돌아갈 수 있겠어! 정약용

이야기를 읽으면서 미션에 한발 더 다가가 보세요.

마스터 송　아직은 집으로 돌아갈 수 없어요.

네? 테레사

 마스터 송　연료를 발견하긴 했지만, 가져올 수 없었어요.

왜 가져올 수 없어요? 월트

 마스터 송　연료가 굴러서 잠겨 있는 미션의 문 안쪽으로 들어갔어요. 남은 미션을 모두 해결해야 문을 열고 연료를 꺼낼 수 있습니다.

이런, 연료가 저렇게 멀리 굴러갔다니…. 정약용

 테레사　어쩔 수 없지. 우리 같이 남은 미션을 해결해 보자.

좋아. 미션이 재미있어서 더 많은 미션도 해결할 수 있겠어! 월트

 정약용　그래, 우리가 미션을 잘 해결하니까 금방 마칠 수 있을 거야.

마스터 송, 저희 미션을 더 해결할게요! 미션을 마치고 연료를 찾을 수 있게 도와주세요.   테레사

 마스터 송　좋아요. 그럼 다음 미션을 만나 볼까요?

네! 다음 미션은 뭔가요? 월트

마스터 송

두 번째 미션은 감정을 다스리기 위해서 마음과 생각을 조절하는 활동이에요.

이건 긍정적인 테레사가 잘하겠는데?
정약용

테레사

응, 자신 있어!

우리 감정을 잘 다스리면서 미션을 해결해 보자!
월트

친구들은 마스터 송의 안내에 따라 미션을 확인한다.

마스터 송

미션을 잘 해결해 보세요. 저는 미션을 해결하면 만날 수 있습니다. 궁금하거나 어려운 일이 있으면 마스터 송을 큰 소리로 부르세요.

이야기를 읽으면서 미션에 한발 더 다가가 보세요.

감정을 잘 조절했던 테레사처럼 마음을 조절하자

마음을 조절하는 일은 분노, 우울, 불안, 흥분 등의 감정을 평온한 상태로 진정시키는 것이에요. 아래의 마음을 조절하는 방법을 살펴보고, 하나를 골라 직접 따라 해 보세요.

심호흡하기 : 의도적으로 폐에 공기가 들어갔다 나갔다 반복하도록 숨 쉬는 방법

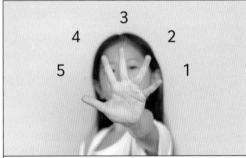

숫자 거꾸로 세기 : 숫자를 거꾸로 떠올리면서 각 숫자를 셀 때마다 자신을 편하게 하는 말을 반복하는 방법

스스로 위로하기 : 부정적인 감정에 휩싸여 힘들 때, 자신에게 위로의 말을 하는 방법

마음 챙김 명상하기 : 부정적인 감정에 관한 생각을 멈추고, 다른 사람의 시선으로 상황을 지켜보는 방법

테레사와 함께 마음을 조절하는 계획을 세워 보자

내가 가장 조절하기 어려운 감정을 생각해 보고, 이 감정을 느낄 때 어떻게 마음을 조절할지 '마음 조절 계획표'를 써 보세요.

예)

마음 조절 계획표

감정	분노
이 감정을 느낄 때 나의 상태	손이 부들부들 떨리고, 얼굴이 빨개진다. 머릿속에는 화가 났던 상황만 계속 떠오른다.
마음을 조절하는 방법	마음 챙김 명상하기
마음을 조절하는 계획	가까운 의자에 앉아서 눈을 감는다. 분노하는 나의 모습을 멀리서 본다고 생각하고, 감정보다는 상황에 집중한다.

마음 조절 계획표

감정	
이 감정을 느낄 때 나의 상태	
마음을 조절하는 방법	
마음을 조절하는 계획	

긍정적인 테레사처럼 분노와 우울을 다스리자

생각을 바꾸는 일은 상황에 대한 자신의 판단을 되돌아보면서 감정을 다스리는 방법이에요. 밑줄 친 부분을 다른 방향으로 생각해서 괄호 안에 써 보세요.

1. 분노 다스리기

> 지윤이와 만나기로 한 시간에서 30분이나 지났는데, 지윤이는 약속 장소에 오지 않았다. 나는 벌써 두 번째 약속에 늦는 지윤이를 보니, '지윤이는 나와의 약속이 중요하지 않은가 보다.'라는 생각이 들어서 갑자기 화가 났다.

> 지윤이와 만나기로 한 시간에서 30분이나 지났는데, 지윤이는 약속 장소에 오지 않았다. 나는 벌써 두 번째 약속에 늦는 지윤이를 보니, (   )라는 생각이 들어서 (   )

2. 우울 다스리기

> 동생과 싸우면 엄마는 내가 잘못한 것이 아니라도 나만 혼내신다. 그래서 엄마는 '혹시 동생만 예뻐하고 나는 미워하나?'라는 생각이 들어서 서운하고 우울해졌다.

> 동생과 싸우면 엄마는 내가 잘못한 것이 아니라도 나만 혼내신다. 그래서 엄마는 (   )라는 생각이 들어서 (   )

활동 04

테레사와 함께 불안과 흥분을 다스리자

아래 밑줄 친 부분을 다른 방향으로 생각해서 괄호 안에 써 보세요.

1. 불안 다스리기

> 나는 한 달 뒤에 영어 시험을 봐야 한다. '성적이 떨어지면, 부모님께 혼날 것이다.'라고 생각하니 시험이 끔찍하게 느껴지고, 불안해서 집중이 안 됐다.

↓

> 나는 한 달 뒤에 영어 시험을 봐야 한다. (   )라고 생각하니 시험이 (   )

2. 흥분 다스리기

> 나는 발표를 하고 싶지 않았는데, 가위바위보에서 져서 모둠 활동한 내용을 발표하게 되었다. '발표할 때 목소리가 떨리고 실수해서 친구들이 비웃을 것 같다.'라는 생각이 들어서 가슴이 두근거리고 손에 식은땀이 났다.

↓

> 나는 발표를 하고 싶지 않았는데, 가위바위보에서 져서 모둠 활동한 내용을 발표하게 되었다. (   )라는 생각이 들어서 (   )

테레사와 함께 부정적인 감정을 조절해 보자

분노, 우울 등의 감정이 커졌던 상황을 떠올려 보세요. 풍선에 그 감정을 쓰고, 빈칸에 나의 경험을 써 보세요.

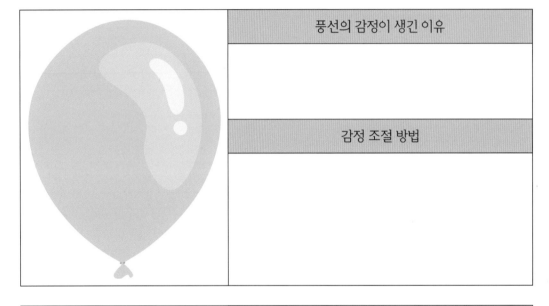

풍선의 감정이 생긴 이유
감정 조절 방법

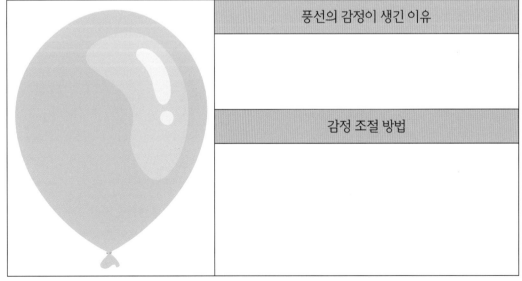

풍선의 감정이 생긴 이유
감정 조절 방법

미션 평가 미션을 잘 해결했는지 평가해 보자

두 번째 미션을 잘 해결했는지 스스로 평가해 보세요.

평가 문항	매우 아니다	아니다	그저 그렇다	그렇다	매우 그렇다
1. 마음을 조절하는 계획을 세울 수 있나요?					
2. 생각의 방향을 바꿔서 말할 수 있나요?					
3. 감정을 조절할 수 있나요?					
4. 두 번째 미션에 흥미를 가지고 참여했나요?					
5. 두 번째 미션에 최선을 다하여 참여했나요?					

미션 완성 미션을 확인해 보자

활동을 모두 해결하면 감성 심화 열쇠 5개를 모을 수 있어요. 열쇠를 모두 획득하면, 두 번째 미션 칸에 미션 완성 도장을 찍어요. 열쇠를 모두 획득하지 못했으면, 그 활동으로 돌아가서 다시 학습해요.

첫 번째 미션 나의 감정 이해하기 — 두 번째 미션 감정 다스리기 — 세 번째 미션 감성을 높이고 활용하기 — 스페셜 미션 나의 감성 심화하기

테레사

친구들과 같이 활동을 해결했더니, 감정을 조절하는 방법을 알 수 있었어요.

두 번째 미션을 아주 잘 완료했군요. 감정을 다스릴 줄 아는 테레사 가 친구들과 잘 협동했어요.

마스터 송

나의 감성 심화 미션 달성!

세 번째 미션 감성을 높이고 활용하기

마스터 송

정약용은 백성을 잘 다스리는 관리의 역할에 책임감을 느끼고, 다양한 방법으로 그 책임을 다했어요. 정약용과 함께 책임감과 도전 의식을 높이는 미션을 해결해 보세요.

오늘의
활동 키워드

활동 01

나의 역할

활동 02

책임감

학습 목표

1. 나의 역할과 책임을 말할 수 있다.
2. 내가 도전하고 싶은 일을 설명할 수 있다.

활동 03

도전 의식

활동 04

도전하고 싶은 일

활동 05

나의 별칭

이야기

월트와 테레사, 정약용은 타임머신을 타고 고려 시대로 여행을 오지만, 타임머신 연료를 잃어버린다. 그래서 연료를 찾기 위해 감정을 알아보는 첫 번째 미션을 해결한다. 하지만 연료는 미션의 문 안쪽에 있어서 남은 미션을 모두 완수해야 연료를 되찾을 수 있다는 말을 듣고, 친구들은 감정을 다스리는 두 번째 미션까지 해결한다. 과연 친구들은 연료를 되찾아 타임머신에 탈 수 있을까? 그리고 다음 미션은 무엇일까?

 대화 속으로

 정약용

마음을 조절하는 다양한 방법을 학습했으니, 화가 나도 감정을 잘 다스릴 수 있겠어.

심호흡하다 보니, 타임머신 연료 때문에 불안했던 감정도 많이 좋아졌는걸?

  테레사

 월트

맞아, 너희 둘 다 감정을 잘 조절하니까 미션을 해결하기가 쉬웠어.

너도 마찬가지야. 우리 모두 정말 잘했어!

 테레사

 정약용

두 번째 미션도 해결했는데, 이제 연료를 얻을 수 있지 않을까?

마스터 송께 여쭤보자.

 월트

테레사 마스터 송은 어디에 계시지?

 정약용
마스터 송께서 궁금한 게 생기면 큰 소리로 부르라고 하셨으니 우리 같이 마스터 송을 불러 보자.

 모두 마스터 송!

친구들이 마스터 송을 부르자, 뒤에서 미션의 문을 살피고 있던 마스터 송이 대답한다.

여기예요! 마스터 송

 월트 마스터 송, 거기에서 뭐 하고 계세요?

미션의 문 안쪽에 연료가 잘 있는지 살펴보고 있었어요. 마스터 송

 정약용 여기가 미션의 문이군요!

앗, 거기에 연료가 있나요? 테레사

 마스터 송 네, 저기를 보세요.

친구들은 미션의 문 앞으로 가서 연료가 잘 있는지 살펴본다.

이야기를 읽으면서 미션에 한발 더 다가가 보세요.

잘 안 보이는데….
월트

정약용
저기 문틈 사이로 우리 연료가 반짝이고 있어.

오, 보인다!
테레사

월트
흠, 문틈에 팔이 안 들어갈까?

아휴. 월트, 나와! 그러다가 좁은 틈에 팔이 끼면 어떡하려고. 우리 미션을 해결해서 연료를 가져가자.
정약용

월트
알았어.

마스터 송, 연료를 얻으려면 앞으로 저희가 몇 개의 미션을 더 해결해야 할까요?
테레사

마스터 송
미션은 총 4개입니다. 일반 미션 3개와 스페셜 미션 1개가 있어요.

그럼 저희가 벌써 4개 중에 2개나 해결한 거예요?
월트

마스터 송
맞아요. 앞으로 일반 미션 1개와 스페셜 미션 1개만 해결하면 연료를 얻을 수 있어요.

우아!
월트

테레사
얼마 안 남았네요.

그런데 스페셜 미션이 뭔가요?
정약용

마스터 송
스페셜 미션은 일반 미션 3개를 모두 끝낸 친구들에게만 알려 주는 미션입니다. 다음 미션을 잘 해결하면 알려 줄게요.

좋아요! 그럼 다음 미션을 알려 주세요.

정약용

마스터 송
세 번째 미션은 감성을 높이고 활용하는 활동이에요. 책임감과 도전 의식이 높은 친구가 잘할 겁니다.

책임감과 도전 의식이라면?

테레사

월트
약용이잖아!

좋아! 이번 미션은 내가 앞장서야겠어! 우리 같이 '파이팅'을 외치고 시작하자.
정약용

모두
파이팅!

미션을 잘 해결해 보세요. 저는 미션을 해결하면 만날 수 있습니다. 궁금하거나 어려운 일이 있으면 마스터 송을 큰 소리로 부르세요.
마스터 송

이야기를 읽으면서 미션에 한발 더 다가가 보세요.

정약용과 함께 나의 역할을 알아보자

우리는 저마다 속한 집단에서 각자의 역할이 있어요. 학교와 가정에서 나의 역할을 써 보고, 나는 맡은 역할에 책임을 다하고 있는지 표정을 골라 보세요.

나의 역할

학교	가정

잘함	중간	못함		잘함	중간	못함

정약용과 함께 내 역할의 책임을 생각해 보자

앞에 쓴 나의 역할 중 1가지를 골라서 역할에 요구되는 일과 노력해야 할 것을 써 보세요.

나의 역할에 요구되는 일
예) 나는 학교에서 학생이자 반장이다. 다른 아이들과 마찬가지로 수업을 듣고 숙제를 하는 것을 물론이고, 선생님 말씀을 반 친구들에게 전달하고 숙제를 걷는다. - - -
나의 역할을 잘 해내기 위해 노력해야 할 것
예) 수업을 집중해서 듣고, 선생님의 말씀을 놓치지 않는다. - - -

정약용의 도전 의식을 살펴보자

아래 정약용의 이야기를 읽어 보고, 질문에 알맞은 말을 써 보세요.

정약용은 *목민관인 아버지를 보면서 백성들의 어려움을 두루 살피는 사람이 되겠다고 다짐했습니다. 정약용은 사람들이 두려워하던 폐가인 반학정에 홀로 머물며, 공부에만 몰두했고, 소과 시험에 우수한 성적으로 합격했습니다. 성균관에 들어간 정약용은 열심히 공부했지만, 대과 시험에 여러 번 떨어졌습니다. 그럼에도 계속 노력한 끝에 6번 만에 시험에 합격해서 관리가 되었습니다. 이후 정약용은 정조의 신임을 받으며 수원화성 설계, 암행어사 활동 등 관리의 역할을 해 나갔습니다. 그러나 천주교 탄압으로 유배를 가게 되었고, 더 이상 관리의 일을 할 수가 없었습니다. 그럼에도 백성을 돕고 싶었던 정약용은 유배지에서 제자를 가르치고, 참된 관리에 관한 내용인 책 《목민심서》를 써서 백성들에게 큰 도움을 주었습니다.

* 목민관 : 백성을 다스려 기르는 벼슬아치라는 뜻으로 고을의 원이나 수령 등을 일컫는 말

1. 정약용은 관리가 되기 위해 어떤 노력을 했나요?

_____

_____

_____

2. 정약용의 이야기를 통해 배울 점은 무엇인가요?

_____

_____

_____

활동 04

정약용과 함께 도전하고 싶은 일을 생각해 보자

내가 새롭게 도전하고 싶은 일을 자유롭게 써 보세요.

_____

_____

_____

_____

_____

_____

위의 도전하고 싶은 일 중 1가지를 골라 도전하고 싶은 이유와 어떤 노력을 해야 하는지
써 보세요.

가장 도전하고 싶은 일	
도전하고 싶은 이유	
내가 해야 할 노력	

호가 다양했던 정약용처럼 나의 별칭을 지어 보자

내가 자주 짓는 표정을 아래에 그려 보고, 나의 별칭을 써 보세요.

내가 자주 짓는 표정	나만의 별칭
	이유

앞권에서 골랐던 표정과 별칭을 떠올려 보고, 어떻게 달라졌는지 이야기해 보세요.

미션 평가 미션을 잘 해결했는지 평가해 보자

세 번째 미션을 잘 해결했는지 스스로 평가해 보세요.

평가 문항	매우 아니다	아니다	그저 그렇다	그렇다	매우 그렇다
1. 나의 역할을 설명할 수 있나요?					
2. 내가 도전하고 싶은 일을 말할 수 있나요?					
3. 나만의 별칭을 만들 수 있나요?					
4. 세 번째 미션에 흥미를 가지고 참여했나요?					
5. 세 번째 미션에 최선을 다하여 참여했나요?					

미션 완성 미션을 확인해 보자

활동을 모두 해결하면 감성 심화 열쇠 5개를 모을 수 있어요. 열쇠를 모두 획득하면, 세 번째 미션 칸에 미션 완성 도장을 찍어요. 열쇠를 모두 획득하지 못했으면, 그 활동으로 돌아가서 다시 학습해요.

첫 번째 미션 나의 감정 이해하기 — 두 번째 미션 감정 다스리기 — 세 번째 미션 감성을 높이고 활용하기 — 스페셜 미션 나의 감성 심화하기

정약용

저의 역할을 알아보고 어떤 노력을 해야 하는지 고민할 수 있어서 좋았어요!

책임감 있고 도전적인 정약용의 모습이 인상적이었어요.
마스터 송

나의 감성 심화 미션 달성!

스페셜 미션 나의 감성 심화하기

마스터 송

3가지 미션을 모두 해결하다니 대단해요. 앞의 미션을 해결한 친구에게 주는 마지막 스페셜 미션은 위인을 알아보고, 나를 탐구하는 것이에요. 월트 디즈니의 감성을 떠올리며, 나의 자생력을 완성해 보세요.

탐구 활동
월트를 인터뷰해 보자

감성 활동
월트에게 공감하며 위인 카드를 만들어 보자

창의 활동
'만약 내가 월트라면?' 상상해 보자

학습 목표

1. 월트의 삶에 감성이 어떤 영향을 주었는지 설명할 수 있다.
2. 감정 바꾸기 활동을 할 수 있다.

주도성 활동

나의 경험을 떠올려 보자

향상 활동

감정 바꾸기 활동을 해 보자

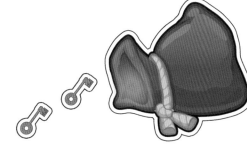

이야기

타임머신을 타고 고려 시대로 여행을 온 월트와 테레사, 정약용은 타임머신 연료를 잃어버린다. 미션의 문 안쪽으로 굴러 들어간 연료를 되찾기 위해 감정을 알아보는 첫 번째 미션, 감정을 다스리는 두 번째 미션, 감정을 높이고 활용하는 세 번째 미션까지 순조롭게 해결한다. 3개의 미션을 모두 완수한 친구들은 마지막 미션인 스페셜 미션을 기다리는데, 과연 친구들이 해결해야 할 스페셜 미션은 무엇일까?

 대화 속으로

 테레사
내가 어떤 역할을 하는지 알아보니까 책임감이 더 강해졌어.

맞아, 가정에서 나의 역할을 제대로 해 내기 위해 어떤 노력을 더 해야 할지 계속 고민해야겠어. 정약용

 월트
나는 미션을 해결하다 보니, 새롭게 도전하고 싶은 일이 떠올랐어!

어떤 일에 도전하고 싶은데? 테레사

 월트
비밀이지롱~!

아이참. 테레사

정약용
월트가 도전하고 싶은 일은 타임머신을 타고 돌아가서 다시 물어보자!

그래, 그럼 이제 마지막 미션만 해결하면 되는 거지? 테레사

 월트
응! 마지막 미션은 스페셜 미션이라고 했어.

스페셜이라니까 더 설레는걸? 정약용

대화를 나누는 월트와 테레사, 정약용 뒤로 마스터 송이 나타난다.

 마스터 송
미션을 해결하는 게 힘들지 않고 설레는 일이라니, 다행입니다.

네, 미션을 통해 저를 더 알아볼 수 있어서 재미있어요. 테레사

 마스터 송
그렇군요.

마스터 송, 스페셜 미션은 뭔가요? 월트

 마스터 송
스페셜 미션은 위인 1명을 골라 자세히 알아보는 것이에요. 위인의 삶을 탐구하고 상상해 보는 일입니다.

위인의 삶이요? 정약용

 테레사
위인이라면 자신의 꿈을 이룬 훌륭한 사람이겠네요. 기대되는걸!

이야기를 읽으면서 미션에 한발 더 다가가 보세요.

맞아요. 자신의 꿈을 이룬 위인이 꿈을 이루는 과정에서 어떤 마음이었는지 알아볼 겁니다.
마스터 송

월트
그렇군요. 어떤 위인을 알아보나요?

우리가 알아볼 위인은 바로 여러분 중에 있습니다.
마스터 송

정약용
저희 중에요?

네. 이곳에 있는 친구들은 모두 꿈을 이루고, 뛰어난 업적을 세워 훌륭한 위인이 되지요.
마스터 송

월트
우아!

마스터 송이 도자기를 꺼내서 친구들 앞에 놓는다.

자, 이 도자기를 보세요.
마스터 송

테레사
아름다운 푸른색을 띠는 것을 보니 고려청자인가요?

위인의 미래를 보여 줄 마법 도자기입니다. 마법 도자기를 통해 친구들 중 한 명의 미래를 만나볼까요?
마스터 송

모두
네!

마스터 송이 도자기를 문지르자, 도자기 위로 연기가 피어오른다. 그리고 뭉게뭉게 퍼지는 연기 속에 글자가 나타난다.

모두 연기 속을 자세히 보세요. 친구들 중 한 명의 이름을 나타낼 거예요.
마스터 송

월트
우아, 궁금해! 두구두구

두구두구 두구두구
모두

도자기에서 퍼져 나오는 연기가 몽글몽글 움직이더니 '월트 디즈니'라는 글자로 바뀐다.

마스터 송
바로 월트 디즈니입니다.

우아, 저요?
월트

정약용
감성이 넘치는 월트가 위인이라니, 정말 기대되는걸!

마스터 송, 월트의 미래를 어떻게 볼 수 있어요?
테레사

마스터 송
마법 도자기의 연기가 여러분을 안내할 거예요. 월트의 삶에 공감하고 자신을 탐구해 보세요.

네!
모두

마스터 송
좋아요. 저는 미션을 해결하면 만날 수 있습니다. 궁금하거나 어려운 일이 있으면 마스터 송을 큰 소리로 부르세요.

이야기를 읽으면서 미션에 한발 더 다가가 보세요.

탐구 활동 월트를 인터뷰해 보자

월트를 인터뷰하고 있어요. 인터뷰를 읽고, 빈칸에 들어갈 대답을 이야기해 보세요.

 안녕하세요, 월트 감독님. 감독님께서 만드신 디즈니 애니메이션은 아이들에게 희망을 주고 꿈을 펼치게 해 주셨습니다. 감독님께서는 어떠한 과정을 거쳐 이러한 애니메이션을 만드실 수 있었나요?

 저는 하고 싶은 이야기를 그림으로 표현하려 했고, 친구와 그림을 그릴 스튜디오를 열었습니다. 기술의 변화에 맞춰 계속 도전한 끝에 미키 마우스가 나오는 애니메이션 〈증기선 윌리〉, 장편 애니메이션 〈백설공주〉 등을 만들어 사람들의 호응을 얻을 수 있었습니다.

 그렇군요. 애니메이션을 만들면서 실패를 겪기도 하셨는데요. 어떤 마음으로 시련을 극복하고 애니메이션을 만드실 수 있었나요?

 정말 대단하세요! 인터뷰 정말 감사드립니다. 마지막으로 선생님의 성공 비결은 무엇이었는지 한마디 해 주십시오.

 제 성공 비결은 감성적 창의력입니다. 저는 어른들은 동심으로 돌아가고, 아이들은 꿈을 가지길 바랐습니다. 이러한 정서적 소통이 애니메이션과 놀이공원 등의 상상으로 펼쳐진 것입니다. 감사합니다.

나의 감성 심화 미션 달성률(%) 20% 40% 60% 80% 100%

58

감성 활동 월트에게 공감하며 위인 카드를 만들어 보자

《who? 아티스트 월트 디즈니》에서 공감되는 문장을 찾아보고, 아래 빈칸에 그 문장을 써서 위인 카드를 완성해 보세요.

위의 문장을 고른 이유는 무엇인지 써 보세요

나의 감성 심화 미션 달성률(%) | 20% | 40% | 60% | 80% | 100%

월트는 그림을 그리는 일을 좋아해서 이를 직업으로 삼으려 했어요. 아래 상황에서 월트가 아버지의 말씀에 따라 공장을 운영했다면, 월트의 삶이 어떻게 바뀌었을지 상상해서 써 보세요.

월트가 미래를 준비할 나이가 되자, 월트의 아버지는 월트에게 젤리 공장을 같이 운영하자고 제안했어요. 동업하는 것처럼 이윤을 절반으로 나누어 주겠다고 했지요. 하지만 월트는 아버지께 만화를 그리고 싶다고 말했어요. 월트는 그림으로 돈을 벌기 어렵다는 점을 걱정하는 아버지께 신문사에서 풍자만화를 연재하는 일자리를 구하겠다고 했지요.

아래와 같은 상황에서 내가 월트라면, 어떤 도전을 할지 써 보세요.

최초의 천연색 애니메이션 〈꽃과 나무〉로 아카데미상을 수상한 월트는 여기서 멈추지 않았어요. 장편 애니메이션을 만들기 위해 주인공을 찾고, 제작비를 구하러 다녔지요. 당시 사람들은 아이들이 보는 애니메이션에 많은 돈을 들이는 월트를 비웃었어요. 하지만 2년 후, 월트의 첫 장편 애니메이션 〈백설공주〉는 많은 관객이 줄을 서서 볼 정도였고, 모두들 입을 모아 칭찬했지요. 이렇게 애니메이션으로 성공한 월트는 또 다른 도전을 하려고 사람들을 불러 모았어요.

주도성 활동 나의 경험을 떠올려 보자

월트는 실패에도 좌절하지 않고, 마음을 잘 조절해서 새로운 일에 계속 도전했어요. 내가 경험한 다양한 일들을 떠올려 보고, 그중 하나를 골라 아래 빈칸에 써 보세요.

육하원칙	나의 경험
누가	
언제	
어디에서	
무엇을	
어떻게	
왜	

위의 상황에서 나는 어떤 감정을 느꼈는지 써 보세요.

긍정적인 감정	부정적인 감정

나의 감성 심화 미션 달성률(%) | 20% | 40% | 60% | 80% | 100%

감정 바꾸기 활동은 부정적인 감정을 긍정적인 감정으로 바꾸는 것이에요. 앞의 활동에서 느낀 부정적인 감정을 긍정적으로 바꾸는 방법을 써 보세요.

예)

부정적인 감정	화, 분노
감정을 바꾸는 방법	바닷속에 있는 소용돌이를 떠올린다. 그리고 '화'라는 감정을 바닷속 소용돌이에 넣어버리는 상상을 한다. 그 후, 소용돌이는 사라지고 바다는 평온해진다. 잔잔해진 바다를 나의 마음이라고 생각한다.
원하는 감정	후련해진다, 마음이 시원해진다, 화가 사라진다.

부정적인 감정	
감정을 바꾸는 방법	
원하는 감정	

미션 평가 미션을 잘 해결했는지 평가해 보자

스페셜 미션을 잘 해결했는지 스스로 평가해 보세요.

평가 문항	매우 아니다	아니다	그저 그렇다	그렇다	매우 그렇다
1. 월트의 감성을 설명할 수 있나요?					
2. 나의 경험을 육하원칙에 따라 쓸 수 있나요?					
3. 감정 바꾸기 활동을 할 수 있나요?					
4. 스페셜 미션에 흥미를 가지고 참여했나요?					
5. 스페셜 미션에 최선을 다하여 참여했나요?					

미션 완성 미션을 확인해 보자

활동을 모두 해결하면 스페셜 미션 칸에 미션 완성 도장을 찍어요! 활동을 모두
해결하지 못했으면, 그 활동으로 돌아가서 다시 학습해요.

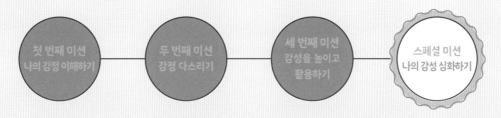

첫 번째 미션
나의 감정 이해하기 ── 두 번째 미션
감정 다스리기 ── 세 번째 미션
감성을 높이고
활용하기 ── 스페셜 미션
나의 감성 심화하기

월트와 테레사, 정약용은 위인을 탐구하고 자신의 자생력을 생각해
보는 스페셜 미션을 마친다. 미션이 모두 끝나자 미션의 문이 열리고
친구들은 연료를 되찾는다. 타임머신에 연료를 넣자 타임머신은 다시
움직이고, 친구들은 무사히 살고 있던 시대로 돌아온다. 흥미로운 위인
세계에는 앞으로 또 어떤 일이 일어날까?

※ E-CLIP 미션의 문제에는 여러 가지 답이 나올 수 있습니다. 본 미션 가이드는 참고용으로 활용하시길 바랍니다.

※ 교사용 개념과 지도 가이드가 포함된 교사용 PDF는 다산전인교육캠퍼스 홈페이지(www.dasaneducation.co.kr)에서 교사 인증 후 신청하실 수 있습니다.

1차시

22쪽

- (길잡이) 평소 나의 행동을 떠올리면서 표시해 보세요.
- (길잡이) 점수를 더한 총점이 10~15점이면 '매우 낮음', 16~20점이면 '낮음', 21~30점이면 '보통', 31~35점이면 '높음', 36~40점이면 '매우 높음' 수준이에요.

23쪽

- (길잡이) 평소 나의 행동을 떠올리면서 표시해 보세요.
- (길잡이) 점수를 더한 총점이 10~15점이면 '매우 낮음', 16~20점이면 '낮음', 21~30점이면 '보통', 31~35점이면 '높음', 36~40점이면 '매우 높음' 수준이에요.

24쪽

- (길잡이) 평소 나의 행동을 떠올리면서 표시해 보세요.
- (길잡이) 점수를 더한 총점이 10~15점이면 '매

우 낮음', 16~20점이면 '낮음', 21~30점이면 '보통', 31~35점이면 '높음', 36~40점이면 '매우 높음' 수준이에요.

25쪽

- (길잡이) 평소 나의 행동을 떠올리면서 표시해 보세요.
- (길잡이) 점수를 더한 총점이 10~15점이면 '매우 낮음', 16~20점이면 '낮음', 21~30점이면 '보통', 31~35점이면 '높음', 36~40점이면 '매우 높음' 수준이에요.

26쪽

- (예시) 불안
- (예시) 상황 : 피아노 연주 대회에서 내 차례가 되니 갑자기 긴장되고 눈앞이 캄캄하다.
내가 했던 말 : 어떡하지? / 내가 잘할 수 있을까?
내가 했던 행동 : 다리를 떤다. / 손톱을 깨문다.

2차시

34쪽

- (예시) 심호흡하기
- (길잡이) 나의 마음을 진정시키는 방법을 골라서 부정적인 마음이 생길 때마다 활용해 보세요.

35쪽

- (예시) 감정 : 불안
이 감정을 느낄 때 나의 상태 : 심장이 빠르게 뛰면서

진땀이 나고 숨이 가빠진다.

마음을 조절하는 방법 : 스스로 위로하기

마음을 조절하는 계획 : 눈을 감고, "괜찮아. 누구나 실수를 해. 중요한 건 실수를 통해 배우는 거야"라는 말을 반복한다.

36쪽

- (예시) 1. '지윤이는 외출 준비를 하는 데 시간이 오래 걸리나?' / 지윤이의 옷이 궁금해졌다. 앞으로 지윤이를 만날 때는 약속 1시간 전에 미리 연락해야겠다.

2. '내게 갖는 기대가 더 크신가?' / 내가 자랑스러워졌다. 그래도 엄마께 내가 느낄 수 있는 서운함과 부담감을 말씀드려야겠다.

37쪽

- (예시) 1. '앞으로 매일 열심히 공부하면 지난번보다 높은 성적이 나올 것이다.' / 기대돼서 빨리 공부를 해야겠다고 다짐했다.

2. '이왕 내가 발표하게 되었으니 멋지게 해 보자!' / 자신 있게 발표를 시작할 수 있었다.

38쪽

- (예시) 감정 : 짜증

풍선의 감정이 생긴 이유 : 동생이 내 물건을 허락 없이 썼기 때문이다.

감정 조절 방법 : 너무 짜증이 났지만, 2분 정도 심호흡을 하고 나니 짜증이 조금 가라앉았다. 그러고 나니 동생이 급하게 빌려 쓴 상황을 이해할 수 있었다.

3차시

46쪽

- (예시) 학교 : 학생, 반장 / 잘함

가정 : 딸, 언니 / 못함

47쪽

- (예시) 나의 역할에 요구되는 일 : 나는 집에서 첫째이므로, 부모님 말씀을 잘 듣고 동생을 잘 보살펴야 한다.

나의 역할을 잘 해내기 위해 노력해야 할 것 : 내 방 청소는 내가 한다. / 컴퓨터 게임은 부모님과 약속한 시간만큼만 한다. / 동생과 싸우지 않는다.

48쪽

- (예시) 1. 폐가인 반학정에 홀로 머물며 공부하여 우수한 성적으로 소과 시험에 합격했다. / 시험에 떨어져도 6번이나 도전한 끝에 대과 시험에 합격하여 관리가 되었다.

2. 어려운 상황에서도 포기하지 않았다. / 백성들의 어려움을 두루 살피는 사람이 되겠다는 다짐을 끝까지 지켜냈다.

49쪽

- (예시) 드론 조종하기, 코딩 게임 만들기, 웹툰 그리기

- (예시) 가장 도전하고 싶은 일 : 웹툰 그리기

도전하고 싶은 이유 : 그림 그리는 것을 좋아하는데, 그림에 내가 하고 싶은 이야기를 넣어서 만화로 만든다면 그 과정이 신기하고 재미있을 것 같기 때문이다.

내가 해야 할 노력 : 만화 그리기 연습하기, 글쓰기 수업 듣기

50쪽

- (예시) **내가 자주 짓는 표정** : 눈과 입이 모두 반달 모양으로 웃고 있는 표정을 그린 그림
나만의 별칭 : 방글이
이유 : 평소에 자주 웃어서, 주변 사람들을 기쁘게 해 주기 때문이다.

- (예시) 9권에서 자주 짓는 표정은 '짜증 나다'였고, 내가 좋아하는 표정이 기쁘게 웃는 표정이었는데, 지금은 그 표정이 내가 자주 짓는 표정이 되었다.

4차시

58쪽

- 실패에도 좌절하지 않고 감정을 긍정적으로 다스리면서 계속 도전했습니다. 이런 저의 끊임없는 도전 의식이 사람들의 마음을 움직였다고 생각합니다.

59쪽

- (예시) 꿈을 끝까지 추구할 용기가 있다면 우리의 꿈들은 모두 실현될 수 있다.

- (예시) 지금은 불가능해 보이는 내 꿈도 이루어질 것이라는 희망과 포기하지 말아야겠다는 용기가 생기기 때문에 이 문장을 골랐다.

60쪽

- (예시) 월트는 실패 없이 안정적으로 살았겠지만, 원하는 일을 하는 것만큼 즐겁고 행복하지는 않았을 것이다.

- (예시) 애니메이션에 나온 캐릭터들을 이용해서 다양한 로봇과 자동차 장난감을 만드는 도전을 할 것이다.

61쪽

- (예시) **누가** : 내가 / **언제** : 저번 달 / **어디에서** : 학교 급식실 / **무엇을** : 국그릇을 쏟았다. / **어떻게** : 식판에 받아서 들고 가다가 떨어뜨렸다. / **왜** : 발이 꼬여서 휘청거렸기 때문이다.

- (예시) **긍정적인 감정** : 없음
부정적인 감정 : 당황스러움, 민망함

62쪽

- (예시) **부정적인 감정** : 당황스러움, 민망함
감정을 바꾸는 방법 : 당황스럽고 민망한 감정을 종이라고 생각하고, 그 종이로 종이비행기를 접는다. 그리고 감정이 담긴 종이비행기를 멀리 날려버린다고 상상해 본다.
원하는 감정 : 평온함, 안도

세계 위인과 함께 해결하는 E-CLIP 미션 대탐험

E-CLIP

who?

학습 만화 《who?》의 세계 위인과 함께 미션을 해결하는
12권의 '감성적 창의 주도성' 향상 프로그램!

E-CLIP 구성

권	주제	각 권 대표 위인	이야기 속 위인
1	동기	알렉산더 플레밍	에이브러햄 링컨, 찰스 다윈, 레이철 카슨
2	인지	레이철 카슨	레오나르도 다빈치, 리처드 파인먼, 마리아 몬테소리
3	인지 심화	마리아 몬테소리	토머스 에디슨, 오리아나 팔라치, 루트비히 판 베토벤
4	동기 심화	루트비히 판 베토벤	마하트마 간디, 버지니아 울프, 정약용
5	몰입	정약용	하인리히 슐리만, 아멜리아 에어하트, 헬렌 켈러
6	자아존중감	헬렌 켈러	알베르트 슈바이처, 신사임당, 스티브 잡스
7	창의성	스티브 잡스	헬렌 켈러, 알렉산더 플레밍, 스티브 잡스
8	창의성 심화	알베르트 아인슈타인	스티브 잡스, 레이철 카슨, 알베르트 아인슈타인
9	감성	마더 테레사	알베르트 아인슈타인, 루트비히 판 베토벤, 마더 테레사
10	감성 심화	월트 디즈니	마더 테레사, 정약용, 월트 디즈니
11	사회성	세종 대왕	월트 디즈니, 마리아 몬테소리, 세종 대왕
12	사회성 심화	마하트마 간디	세종 대왕, 마하트마 간디

* E-CLIP / 대상 초등학교 전 학년 / 책 크기 200 X 260 / 각 권 쪽수 70쪽 내외
* who? / 대상 초등학교 전 학년 / 책 크기 188 X 255 / 각 권 쪽수 180쪽 내외